PARIS

POINT-À-POINT
PUNKT-ZU-PUNKT

Bienvenue à Paris, la capitale de la France ! Surnommée la « ville-lumière », Paris rayonne grâce à ses beaux édifices qui ont vu tant d'événements et de personnalités historiques, ses avenues élégantes, ses parcs et jardins, ses boutiques de luxe, ses musées, ses cafés romantiques et ses restaurants gastronomiques. Paris, c'est tout cela et bien plus encore. Viens avec nous découvrir, pas à pas, cette ville unique, au charme et à l'atmosphère inoubliables.

Willkommen in einer der aufregendsten Hauptstädte Europas! Paris wird auch „Stadt des Lichts" genannt – und strahlen tut sie tatsächlich. Eindrucksvolle Bauten, die Zeugen großer geschichtlicher Ereignisse waren, elegante Boulevards, hübsche Parks, noble Läden, berühmte Museen, charmante Cafés und die weltbesten Restaurants mit köstlichem Essen: All das findest du in Paris. Komm mit uns auf die Reise – in eine Stadt mit einzigartiger und unvergesslicher Atmosphäre!

h.f.ullmann

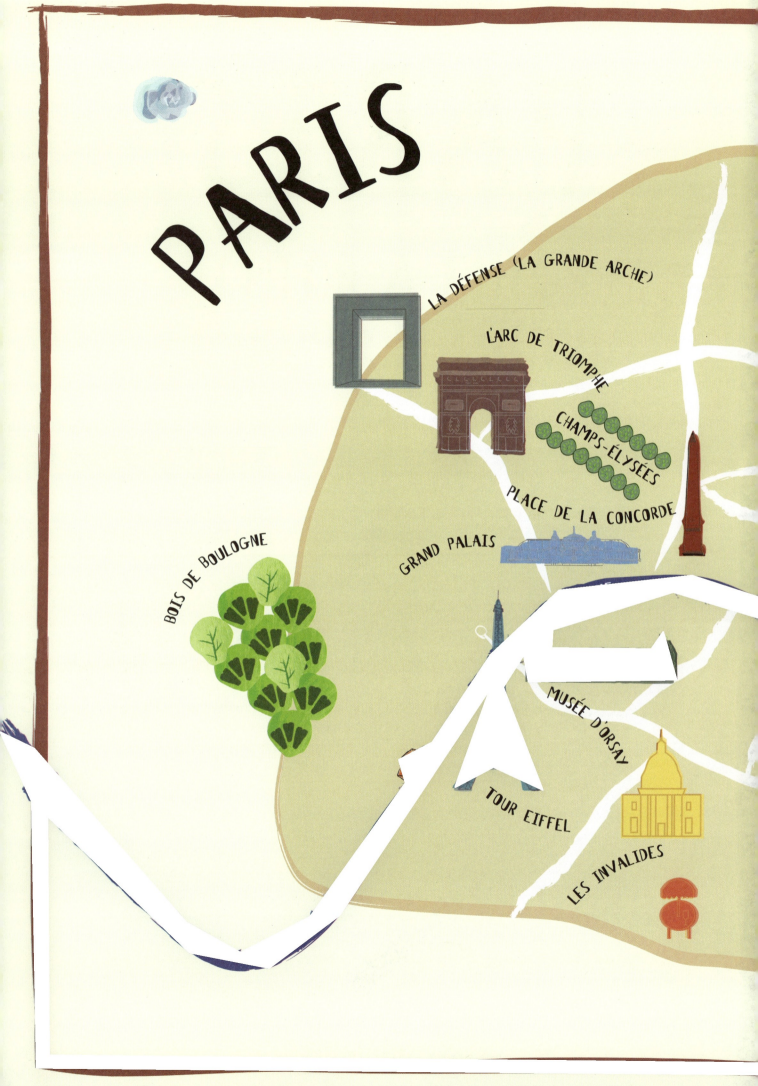

TABLE DES MATIÈRES / INHALTSVERZEICHNIS

LA TOUR EIFFEL	6-7
LES INVALIDES	8-9
LES CHAMPS-ÉLYSÉES/L'ARC DE TRIOMPHE	10-11
LE GRAND PALAIS	12-13
LA PLACE DE LA CONCORDE	14-15
LE JARDIN DES TUILERIES	16-17
LE MUSÉE D'ORSAY	18-19
LE LOUVRE	20-23
LE PALAIS GARNIER	24-25
L'HÔTEL DE VILLE	26-27
LE CENTRE POMPIDOU	28-31
LA SEINE	32-33
LE PONT DES ARTS	34-35
NOTRE-DAME DE PARIS	36-39
LE PALAIS DU LUXEMBOURG	40-41
LE PANTHÉON	42-43
LA TOUR MONTPARNASSE	44-45
LA PLACE DE LA BASTILLE	46-47
LA PLACE DE LA RÉPUBLIQUE	48-49
LA BASILIQUE DU SACRÉ-CŒUR	50-51
LA DÉFENSE	52-53
LE MÉTRO PARISIEN	54-55
LES CAFÉS	56-57
CROISSANT, BAGUETTE… ET FROMAGE	58-59
VIVRE À / WOHNEN IN PARIS	60-61
QUIZ	62-63
CRÉDITS / IMPRESSUM	64

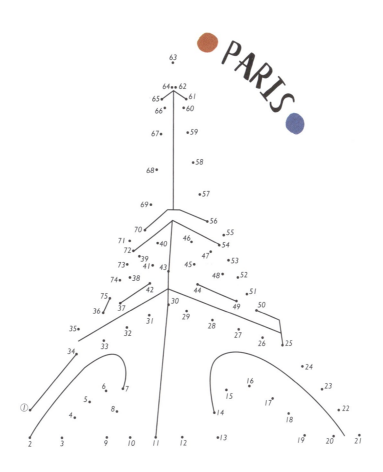

PARIS

LA TOUR EIFFEL

La Tour Eiffel est le monument le plus célèbre de Paris. Elle a été conçue par l'ingénieur Gustave Eiffel à l'occasion de l'Exposition universelle de 1889. C'est un ouvrage imposant, à la fois massif et aérien. Juchée sur ses quatre pieds, la tour se dresse jusqu'à s'évanouir dans le ciel. Construite toute en fer, elle mesure 324 mètres de haut. Pour visiter la tour, tu peux emprunter les escaliers ou prendre l'ascenseur. De ses trois plateformes situées à des hauteurs différentes, tu découvriras un panorama de la ville époustouflant. La nuit, la tour Eiffel est illuminée par 336 projecteurs. De la tombée de la nuit jusqu'à 1 heure du matin, 20 000 ampoules scintillent pendant 5 minutes pour marquer le début de chaque nouvelle heure !

Das wohl berühmteste Bauwerk von Paris ist der Eiffelturm. Der Ingenieur Gustave Eiffel entwarf ihn für die Weltausstellung 1889. Der Turm wirkt gleichzeitig leicht und massiv. Unten steht er auf vier Füßen; oben scheint er im Himmel zu verschwinden. Die Eisenkonstruktion ist 324 m hoch. Du kannst den Turm besteigen (über die Treppe oder mit dem Aufzug) und von drei Plattformen auf unterschiedlichen Höhen die tolle Aussicht bewundern. Nachts wird der Turm von 336 Scheinwerfern angestrahlt, und bis 1 Uhr glitzern an ihm zu jeder vollen Stunde 5 Minuten lang 20.000 Glühbirnchen.

LES INVALIDES

Ce monument impressionnant avec sa coupole dorée, connu sous le nom d'Hôtel national des Invalides, appartient à l'histoire militaire de la France. Le complexe fut construit au XVIIe siècle, sous la forme d'un hôpital et d'une pension pour les anciens combattants et blessés de guerre. Il abrite aujourd'hui le musée de l'Armée et le tombeau de Napoléon, dont la dépouille repose dans un sarcophage à six cercueils (emboîtés les uns dans les autres) dans une crypte située sous le dôme.

Dieses eindrucksvolle Gebäude, L'Hôtel national des Invalides (nationales Invalidenheim), ist Teil der Geschichte der französischen Armee. Der Komplex wurde im 17. Jahrhundert als Krankenhaus und Heim für Kriegsversehrte geschaffen. Du findest dort das Militärmuseum und das Grab von Napoleon Bonaparte, der in einem Sarkophag beigesetzt wurde, welcher fünf ineinander geschachtelte Särge enthält. Er steht in der Krypta unter der goldenen Kuppel des Invalidendoms.

LES CHAMPS-ÉLYSÉES
L'ARC DE TRIOMPHE

Paris compte un grand nombre de belles avenues, mais aucune ne peut rivaliser avec l'élégance des Champs-Élysées. En 1667, André Le Nôtre conçut pour le roi Louis XIV une extension des jardins du palais des Tuileries, plus tard appelée « Champs-Élysées ». Cette avenue, longue de près de 2 kilomètres et large de 70 mètres, est bordée de boutiques, de cafés et de cinémas. Elle accueille des défilés lors de grandes occasions. Ouverte à la circulation, cette artère est souvent encombrée, même la nuit. À l'ouest se dresse l'arc de triomphe de l'Étoile, un ouvrage commandé par l'empereur Napoléon Bonaparte, en 1806. Achevé trente ans plus tard, il célèbre la Révolution française et rend hommage aux anciens combattants.

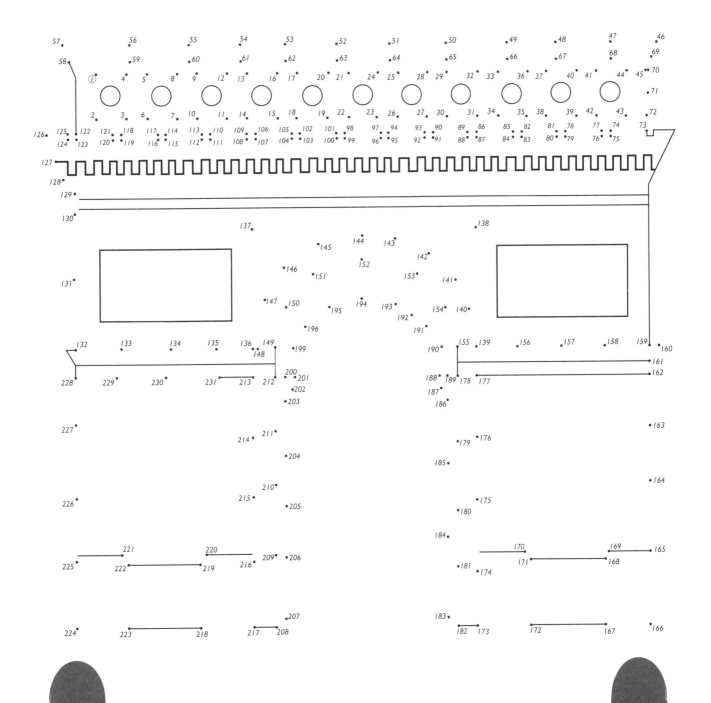

Paris hat viele schöne Boulevards, aber keiner ist so elegant wie die Avenue des Champs-Élysées. Die Straße wurde 1667 von André Le Nôtre als Verlängerung der Gärten des Tuileries-Palastes angelegt, im Auftrag des Königs Ludwig XIV. Sie ist fast 2 km lang und 70 m breit. Auf beiden Seiten finden sich zahlreiche Geschäfte, Kinos und Cafés. Zu besonderen Anlässen finden hier Paraden statt. Ansonsten fließt Tag und Nacht der Verkehr. Am westlichen Ende steht der Arc de Triomphe (Triumphbogen), der 1806 vom französischen Kaiser Napoleon Bonaparte in Auftrag gegeben wurde. Der 30 Jahre später fertiggestellte Bogen erinnert an die Französische Revolution und die Gefallenen der Kriege.

LE GRAND PALAIS

Le Grand Palais est un bâtiment d'exposition unique, conçu à l'occasion de l'Exposition universelle de 1900. Cadre de différentes manifestations et expositions, le lieu se transforme l'hiver venu en une gigantesque patinoire. L'élément le plus impressionnant est l'immense verrière de sa nef. Paris abrite bien d'autres exemples de ce type, mais cette verrière imposante les surpasse toutes. La photographie montre une vue plongeante sur le bâtiment. Suis les points pour découvrir cette structure complexe de l'intérieur.

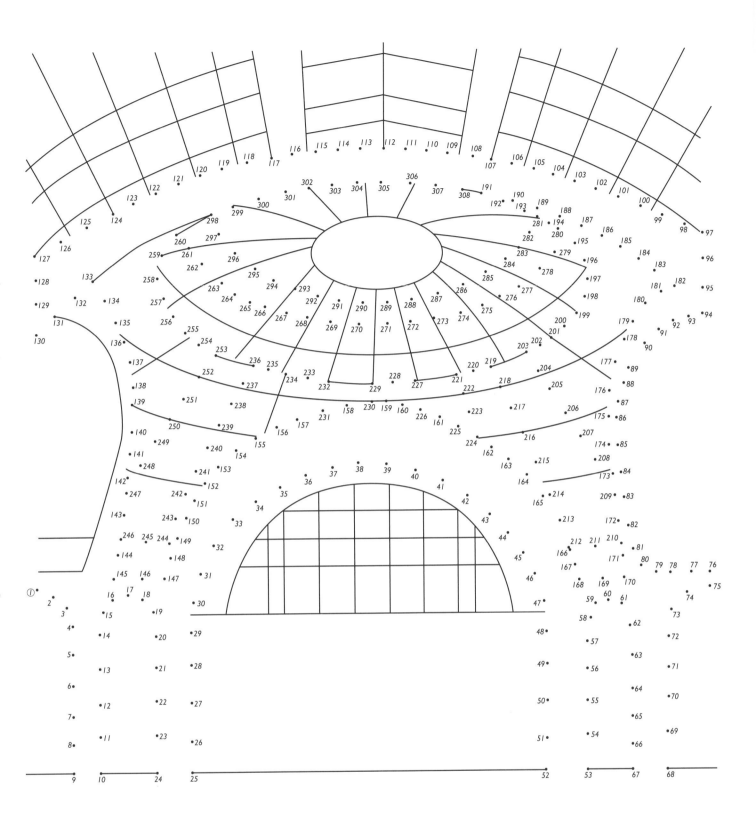

Der Grand Palais, eine eindrucksvolle Ausstellungshalle, wurde ursprünglich für die Weltausstellung im Jahr 1900 errichtet. Hier finden immer noch Ausstellungen und Messen statt, und im Winter verwandelt er sich in eine riesige Eisbahn. Sein spektakulärstes Element ist das Glasdach. In Paris gibt es viele Glasdächer, aber dieses ist das schönste! Auf dem Foto siehst du das Gebäude von oben. Verbinde die Punkte, um seine komplexe Innenstruktur betrachten zu können.

LA PLACE DE LA CONCORDE

De forme octogonale, la place de la Concorde a été aménagée entre 1755 et 1775, sous le règne du roi Louis XV. Cette belle place, située entre les jardins des Tuileries et les Champs-Élysées, fait face à l'arc de triomphe de l'Étoile. À proximité de son imposante fontaine se dresse un obélisque égyptien, originaire de Louxor, transporté à Paris et offert au roi Louis-Philippe Ier par le vice-roi d'Égypte. Relie les points pour en découvrir plus.

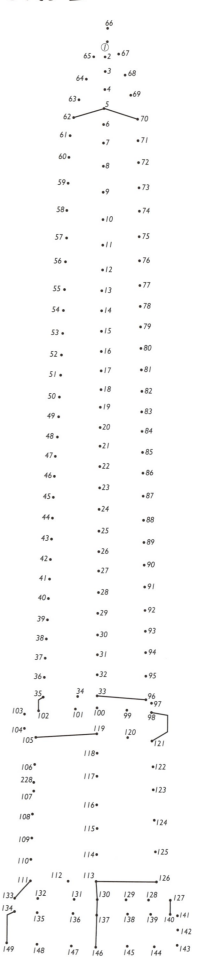

Der Place de la Concorde hat eine achteckige Form und wurde zwischen 1755 und 1775 während der Amtszeit von König Ludwig XV. angelegt. Der schöne Platz liegt zwischen Tuilerien und Champs-Élysées, gegenüber dem Arc de Triomphe. Neben seinem großen Brunnen steht ein Obelisk aus dem ägyptischen Luxor, der als Geschenk des Vizekönigs von Ägypten an König Louis-Philippe nach Paris gebracht wurde. Verbinde die Punkte, und du siehst beides.

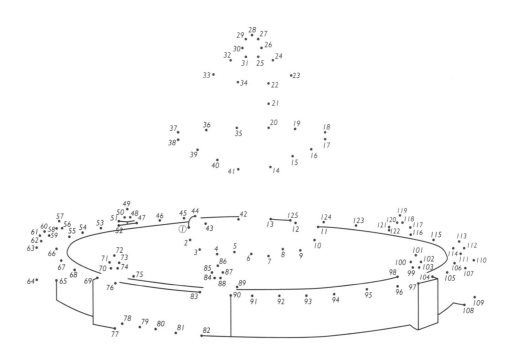

LE JARDIN DES TUILERIES

La beauté de Paris tient à la majesté de ses bâtiments et monuments historiques, mais aussi au charme de ses nombreux parcs et jardins, aux mares peuplées de canards et aux vastes pelouses où l'on peut pique-niquer. Le jardin des Tuileries se situe à proximité du Louvre et constitue l'endroit rêvé pour se détendre après une longue visite au musée. Prends place sur l'un de ces bancs typiques des jardins de la capitale, étire tes jambes et goûte à la beauté de la nature, au cœur de la ville.

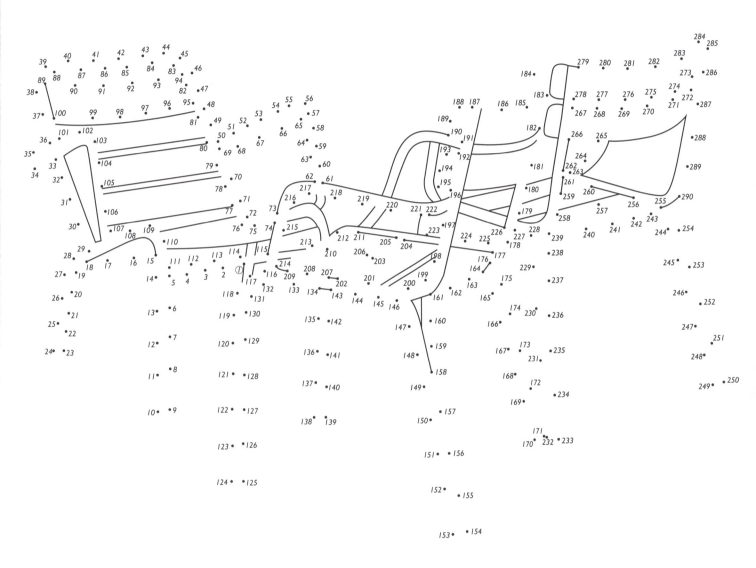

Paris besticht nicht nur durch seine prächtigen Gebäude und Monumente, sondern auch durch seine vielen wunderhübschen Parks mit Ententeichen und weitläufigen Picknickwiesen. Die Tuilerien liegen gleich neben dem Louvre. Hier kann man sich nach einem langen Museumsbesuch prima ausruhen. Lass dich auf einem der bequemen Stühle nieder (typisch für die Parks in Paris), und genieße die Schönheit der Natur mitten in der Stadt.

LE MUSÉE D'ORSAY

À l'opposé du jardin des Tuileries, sur la rive gauche de la Seine, se dresse un autre édifice dédié à l'art, le musée d'Orsay. Ici sont exposées des œuvres d'art datant de 1848 à 1914. Le bâtiment n'a rien d'un musée traditionnel. Il s'agit en fait d'une ancienne gare de chemin de fer qui reliait Paris à la ville d'Orsay dans la banlieue sud. La structure originelle du bâtiment a été conservée. Lève les yeux et admire la verrière de la salle principale. Un autre élément décoratif étonnant se trouve ici… relie les points pour le découvrir.

Gegenüber den Tuilerien, am linken Ufer der Seine, steht noch ein interessantes Museum, das Musée d'Orsay. Hier wird Kunst aus der Zeit zwischen 1848 und 1914 gezeigt. Wie ein Museum sieht es aber nicht aus, denn es wurde in einem ehemaligen Bahnhof eingerichtet, der einst Paris mit dem südlichen Vorort Orsay verband. Von außen sieht das Gebäude immer noch so aus. Schau dir das Glasdach der Bahnhofshalle an. Und noch ein anderes beeindruckendes Element schmückt diesen großen Raum – verbinde die Punkte!

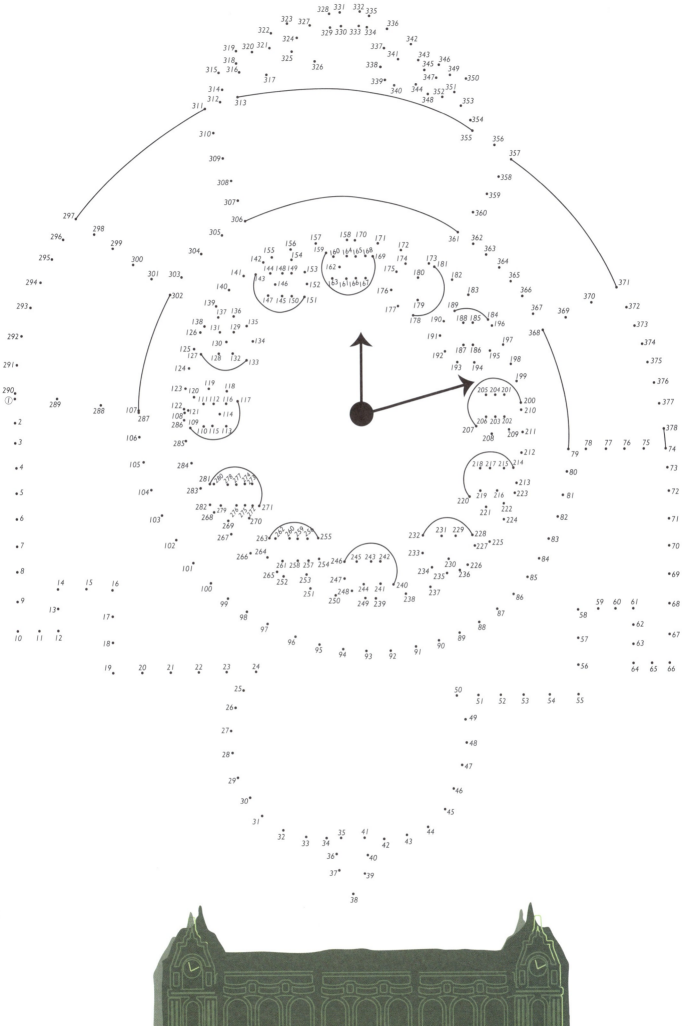

LE LOUVRE

Le Louvre est l'un des plus grands musées d'art au monde. Cet ancien palais royal forme un vaste complexe réunissant plusieurs bâtiments. Ouvert au public depuis 1793, le Louvre réunit les plus belles œuvres d'art, venues du monde entier et témoins de différentes cultures et époques. L'entrée contemporaine du musée, en forme de pyramide, a été inaugurée en 1989. Relie les points pour découvrir les lieux.

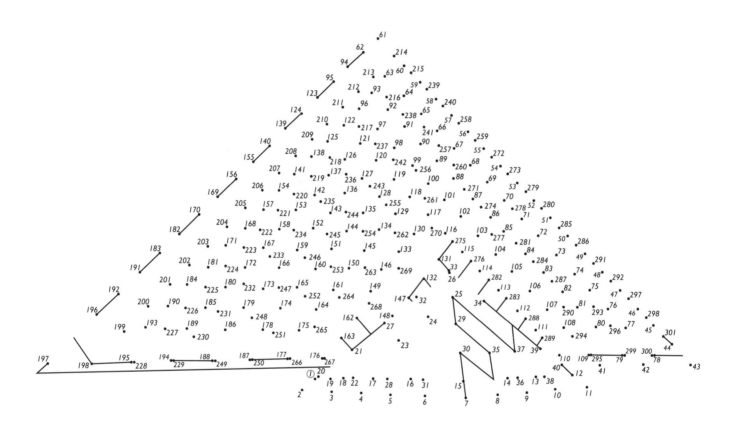

Der Louvre ist eines der größten Kunstmuseen der Welt. Der frühere Königspalast ist eine riesige Anlage aus mehreren Gebäuden. Seit 1793 sammelt der Louvre die besten Kunstwerke verschiedener Kulturen, Epochen und Länder und stellt sie für die Öffentlichkeit aus. Der moderne Eingang des Museums wurde 1989 eingeweiht. Verbinde die Punkte, dann siehst du, welche Form er hat!

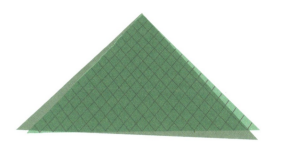

LE LOUVRE

Peint à Florence par Léonard de Vinci vers 1503–1519, le *Portrait de Lisa Gherardini, épouse de Francesco del Giocondo*, dite *Monna Lisa* ou la *Joconde*, est l'un des chefs-d'œuvre du musée.

Das von Leonardo da Vinci gemalte „Porträt der Lisa Gherardini" (ca. 1503–1519), Ehefrau von Francesco del Giocondo, auch als „Mona Lisa" bekannt („Joconde" auf Französisch) ist das berühmteste Meisterwerk des Museums.

LE PALAIS GARNIER

Ce palais somptueux abrite l'ancien opéra de Paris. Il porte le nom de son architecte, Charles Garnier, qui dressa les plans du bâtiment sur ordre de Napoléon III, dernier empereur de la dynastie Bonaparte et grand amateur de ballet et d'opéra. Le palais fut inauguré en 1875. L'intérieur est richement décoré. Tu seras impressionné par le hall d'entrée monumental de ce bâtiment que tu peux découvrir à la page suivante.

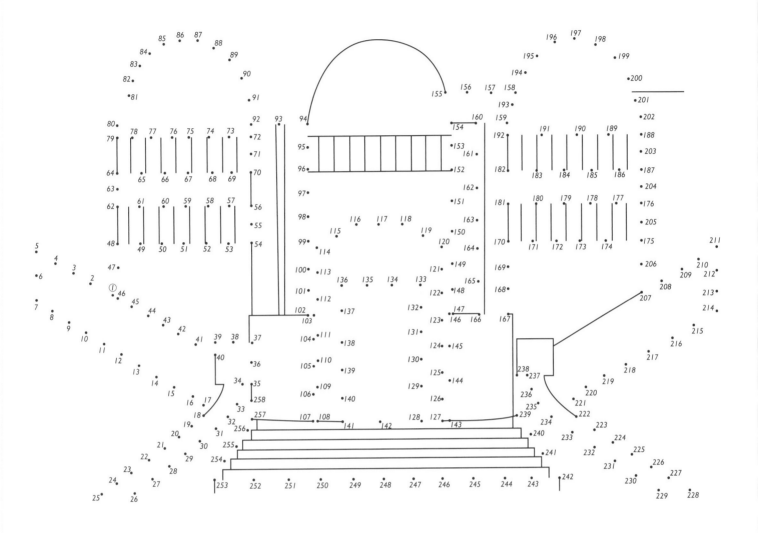

Dieses prunkvolle Gebäude ist die Heimat der Pariser Oper. Es wurde nach seinem Erbauer Charles Garnier benannt und vom damaligen französischen Kaiser Napoleon III. in Auftrag gegeben, der ein großer Opern- und Ballettfan war. Die Eröffnung fand 1875 statt. Auch innen ist die Oper reich geschmückt. Die monumentale Eingangshalle wird dich beeindrucken – kannst du sie zeichnen?

25

L'HÔTEL DE VILLE

Situé rue de Rivoli, à 5 minutes à pieds du Centre Pompidou, ce bâtiment à la façade richement décorée n'est pas un hôtel particulier, mais la mairie de la ville. C'est un lieu chargé d'histoire, siège du Conseil de la ville de Paris depuis 1357, avant la reconstruction du bâtiment au XVIe et au XIXe siècle. Des visites commentées sont organisées pour les touristes. Relie les points pour commencer à découvrir sa façade.

Dieses reich verzierte Gebäude an der Rue de Rivoli, fünf Fußminuten vom Centre Pompidou entfernt, ist kein Hotel, wie sein Name vermuten lässt, sondern das Rathaus. Sein Standort hat eine lange Geschichte: Schon seit 1357 tagte hier der Pariser Stadtrat. Nach Renovierungen im 16. Jahrhundert entstand der heutige Bau erst im 19. Jahrhundert. Das Innere kannst du besichtigen. Entdecke die Fassade, indem du die Punkte verbindest.

LE CENTRE POMPIDOU

Conçu par les célèbres architectes Renzo Piano et Richard Rogers, ce lieu culturel inauguré en 1977 conserve aujourd'hui encore toute son originalité. Baptisé du nom du président français qui initia sa construction, le Centre Pompidou est un haut lieu de l'art moderne et contemporain.
La structure de verre et d'acier est ceinturée de tuyaux aux couleurs variées, d'escalators et d'ascenseurs. Bien plus que décoratifs, ces tuyaux sont aussi fonctionnels et classés selon un code couleur : bleu pour les circulations d'air, jaune pour les circulations électriques, vert pour les circulations d'eau, rouge pour la circulation des visiteurs (ascenseurs et escalators) et les sorties de secours.

Das von den berühmten Architekten Renzo Piano und Richard Rogers entworfene Gebäude eröffnete 1977 und verblüfft noch heute. Innen zeigt das Zentrum, das nach dem französischen Präsidenten, der es in Auftrag gab, benannt wurde, moderne und zeitgenössische Kunst in Ausstellungen und Vorführungen. An der Außenseite der Glas- und Stahlkonstruktion liegen bunte Rohre, Rolltreppen und Aufzüge. Die Rohre sind nicht nur Dekoration, sondern haben eine Funktion: Die weißen sind für Luft, die gelben für Strom, die blauen für Wasser und die roten für die Beförderung und die Sicherheit.

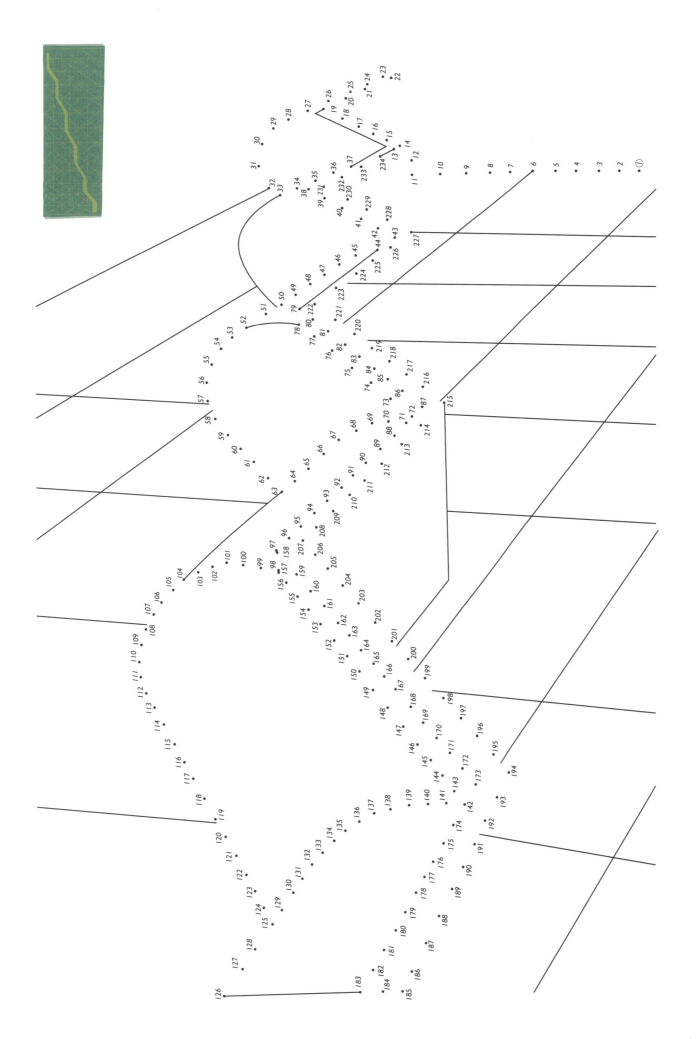

LE CENTRE POMPIDOU

À proximité du Centre Pompidou se dresse une curieuse fontaine aux sculptures signées de deux artistes célèbres. Relie les points pour découvrir certaines de ces sculptures.

Neben dem Centre Pompidou gibt es einen witzigen Brunnen mit skurrilen Skulpturen von berühmten Künstlern. Verbinde die Punkte, und du kannst dir ein paar davon ansehen!

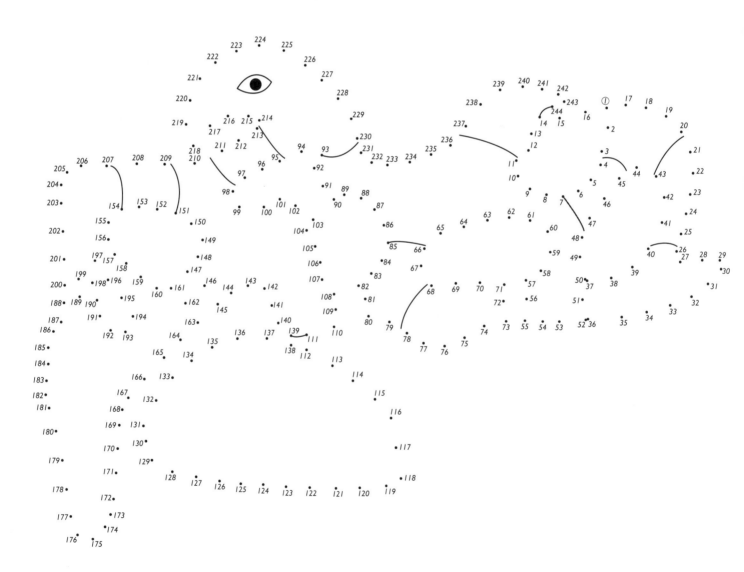

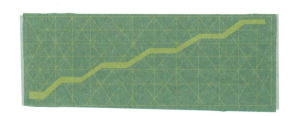

31

LA SEINE

Pour admirer Paris sous un autre angle, saute dans un bateau-mouche pour une promenade sur l'eau. Du pont à ciel ouvert, attends-toi à croiser des barges et des péniches au cœur de la ville. Ces bateaux à fond plat conçus pour naviguer sur d'étroits canaux sont en réalité des habitations : un mode de vie original en plein Paris. Par curiosité, relie les points et découvre d'un peu plus près à quoi ressemblent ces péniches.

Willst du Paris aus einer anderen Perspektive sehen, besteige einfach ein Schiff und mach eine Fahrt auf dem Fluss! Bei deiner Seine-Rundfahrt siehst du vom Deck aus vielleicht eine Péniche, ein kastenförmiges Schiff. Diese flachen, für enge Kanäle gebauten Binnenschiffe sind Hausboote. Mal eine ganz andere Art, in Paris zu leben, oder? Wenn du sehen willst, wie ein typisches Hausboot aussieht, verbinde die Punkte!

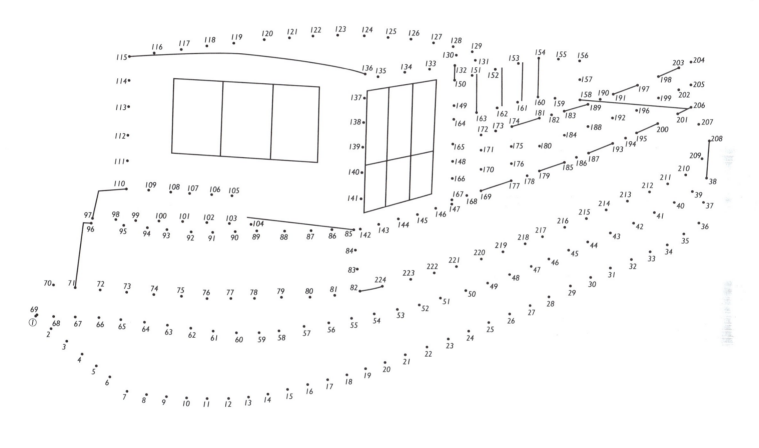

LE PONT DES ARTS

À Paris, la Seine compte deux îles : l'île Saint-Louis et l'île de la Cité. Cette configuration explique la présence de nombreux ponts pour assurer la fluidité et le bon fonctionnement des transports au sein de la capitale. La Seine est enjambée par 37 ponts, dont 4 exclusivement réservés aux piétons, à l'image du pont des Arts reliant l'Académie française et la cour carrée du palais du Louvre. Achevé en 1804, cet ouvrage à neuf arches (modifié plus tard) fut le premier pont en fer de la cité.

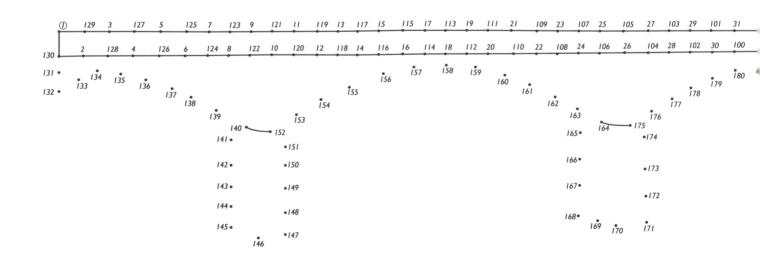

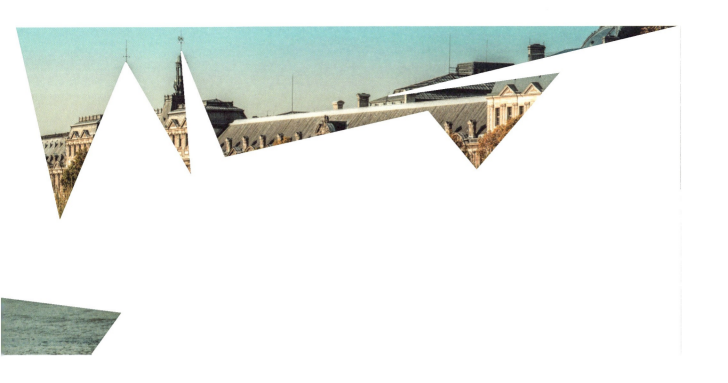

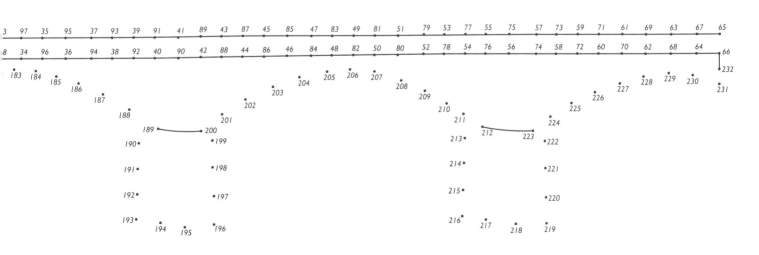

Paris liegt beiderseits der Seine und besitzt zwei Flussinseln, die Île Saint-Louis und die Île de la Cité. Wegen dieser Lage braucht es viele Brücken, damit der Stadtverkehr gut funktioniert, und so hat Paris 37 Seine-Brücken. Vier davon sind nur für Fußgänger, wie die Pont des Arts, die die Französische Akademie mit dem zentralen Platz des Palais du Louvre verbindet. Die 1804 fertiggestellte Konstruktion mit neun Bögen (später umgestaltet) war die erste Metallbrücke der Stadt.

NOTRE-DAME DE PARIS

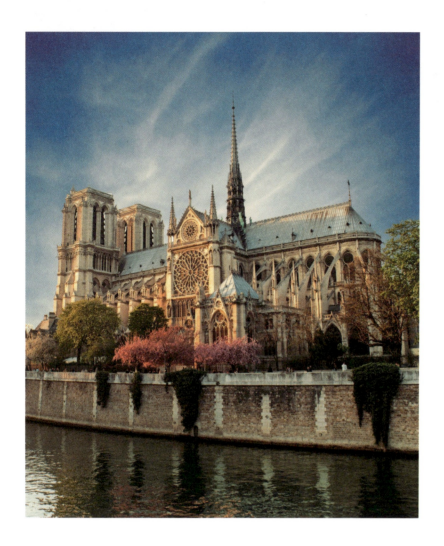

Au cœur de Paris se dresse la majestueuse cathédrale gothique de Notre-Dame, construite entre 1163 et 1345. Elle se situe sur l'île de la Cité, entre les deux rives de la Seine. Sa façade imposante est spectaculaire, à l'image de la beauté des arcs-boutants et des vitraux colorés de sa nef. La photographie montre la façade de la cathédrale. Relie les points pour la découvrir d'un peu plus près.

Notre-Dame ist eine majestätische gotische Kathedrale im Herzen von Paris, erbaut zwischen 1163 und 1345. Sie steht auf einer Insel in der Seine (Île de la Cité). Beeindruckend sind ihre gewaltige Fassade, die Strebebögen, die die Wände stützen, und die großen Buntglasfenster. Auf dem Foto kannst du die Kathedrale von der Seite sehen, und die Punkte zeigen dir ihre Fassade.

NOTRE-DAME DE PARIS

Ici, tu peux apercevoir l'une de ces créatures fantastiques qui ornent la toiture de la cathédrale. Relie les points pour en faire apparaître une autre !

Und hier siehst du eine der fantastischen Kreaturen, die sich auf dem Dach der Kirche tummeln. Zeichne noch eine, indem du die Punkte verbindest!

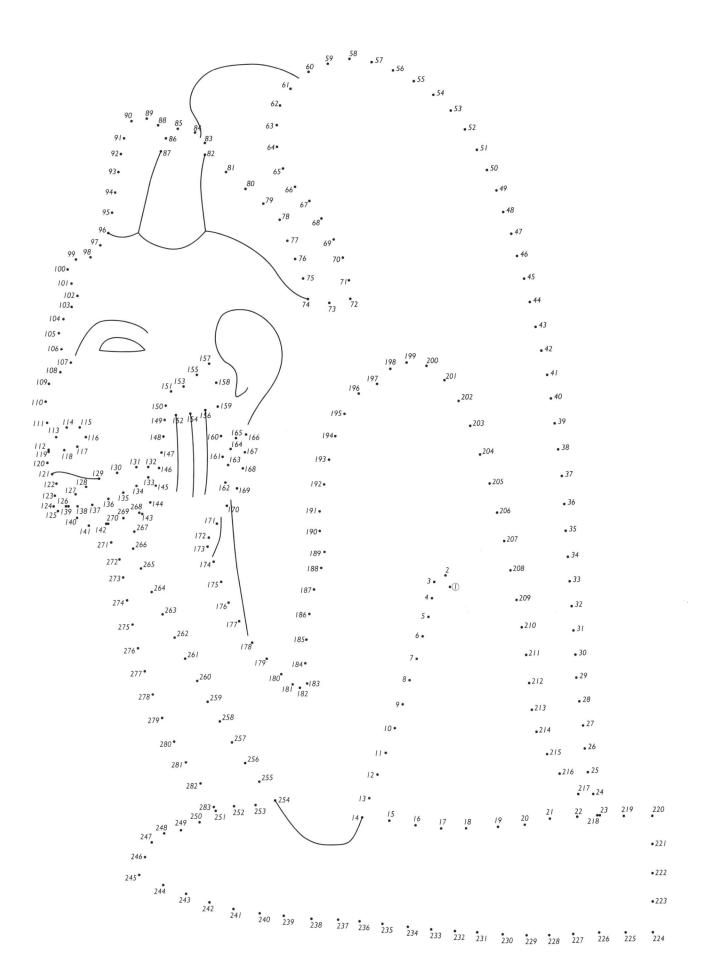

LE PALAIS DU LUXEMBOURG

Le terrain sur lequel se dresse ce palais avait été acheté par Marie de Médicis, épouse du roi de France Henri IV et mère de Louis XIII. Construit au début du XVIIe siècle et conçu comme une résidence royale, le palais du Luxembourg abrita par la suite la Chambre des pairs du Directoire (1814-1848), puis le Sénat de la Troisième République, à partir de 1879.

Das Land, auf dem dieses Schloss steht, wurde einst von Maria de' Medici gekauft, Gattin des französischen Königs Heinrich IV. und Mutter Ludwigs XIII. Zu Beginn des 17. Jahrhunderts noch ein Königsschloss, war es von 1814 bis 1848 Heimstatt des Oberhauses des französischen Parlaments. Seit 1852 tagt hier der Senat, die zweite parlamentarische Kammer Frankreichs.

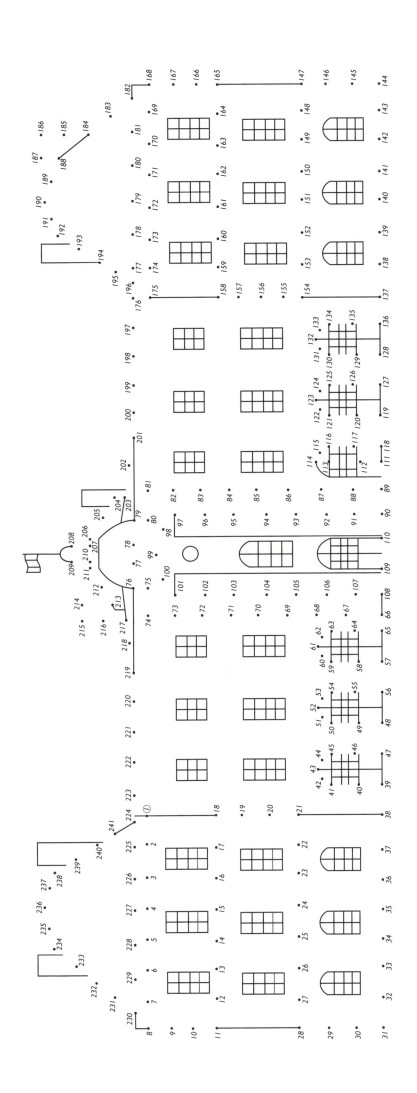

41

LE PANTHÉON

Ce bâtiment massif de 110 mètres de longueur sur 85 mètres de largeur est orné d'un impressionnant portique à colonnes et d'un dôme imposant. Construit entre 1757 et 1791, ce monument dont l'architecture fut inspirée par le Panthéon de Rome sert aujourd'hui de mausolée pour les femmes et les hommes qui ont marqué l'histoire de la France moderne. Sa crypte abrite les tombes de célèbres écrivains, scientifiques et philosophes.

Diese gewaltige Konstruktion ist 110 m lang und 85 m breit. Dominiert wird sie von einem eindrucksvollen Portikus, einer Eingangshalle mit Säulenreihen, und von einer gigantischen Kuppel. Vorbild des zwischen 1757 und 1791 erbauten Panthéons war das Pantheon in Rom. Es dient als Mausoleum: Viele berühmte Schriftsteller, Wissenschaftler und Philosophen sind in der Krypta begraben.

LA TOUR MONTPARNASSE

Située dans l'ancien quartier bohème de Montparnasse, à proximité d'une gare ferroviaire animée, la tour se voit de loin. De son étage panoramique, le visiteur découvre les plus belles vues sur Paris et ses environs, jusqu'à 50 kilomètres à la ronde. Achevée en 1973, cette tour de bureaux de 59 étages abrite également de nombreuses boutiques et restaurants. Dessine ta propre tour !

Dieser Turm im früheren Künstlerviertel Montparnasse in der Nähe eines belebten Bahnhofs ist schon von Weitem zu sehen. Von oben hast du eine tolle Sicht auf die Stadt und ihre Umgebung – bis zu 50 km weit. Der Tour Montparnasse ist eigentlich ein 59-stöckiges Bürohochhaus, das 1973 fertiggestellt wurde und auch zahlreiche Geschäfte und Restaurants beherbergt. Zeichne deinen eigenen Turm!

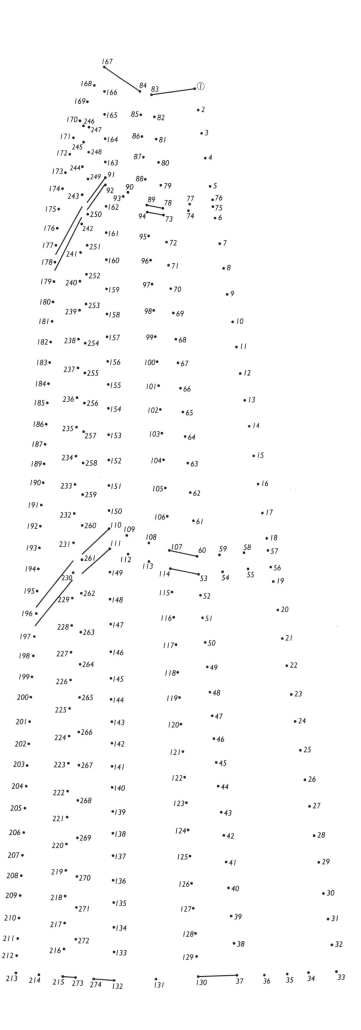

LA PLACE DE LA BASTILLE

Cette place joua un rôle déterminant dans l'histoire de France. C'est ici que se dressait autrefois la prison de la Bastille, jusqu'à sa prise et sa démolition le 14 juillet 1789, premier jour de la Révolution française et jour de fête nationale du pays. Il ne reste aujourd'hui aucun vestige de la prison, à l'exception de son nom et de marques au niveau du pavage signalant l'emplacement des murailles de la Bastille. La colonne de Juillet, au centre de la place, commémore une autre révolution qui se déroula en 1830. Dessine la statue qui trône en son sommet.

Der Place de la Bastille ist einer der wichtigsten Plätze in der Geschichte Frankreichs. Hier stand früher das Bastille-Gefängnis, bis es am 14. Juli 1789 gestürmt und zerstört wurde. Dieser Tag gilt als Beginn der französischen Revolution und ist heute der französische Nationalfeiertag. Von dem Gebäude ist nichts mehr übrig außer dem Namen und ein paar Linien im Straßenpflaster, die Reste der Bastille-Wände sein sollen. Die Julisäule in der Mitte erinnert an eine andere Revolution im Juli 1830. Zeichne die Statue, die darauf steht!

LA PLACE DE LA RÉPUBLIQUE

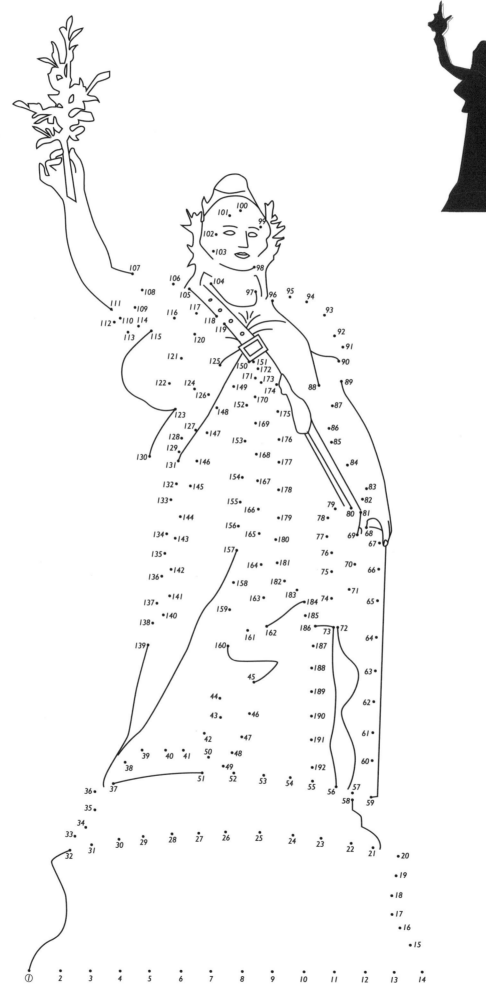

La place de la République est une autre grande place parisienne, conçue par le baron Haussmann, chargé de la rénovation de la ville à la fin du XIXe siècle. En son centre s'élève le monument à la République, d'une hauteur de 20 mètres, supportant la statue de Marianne, symbole de la République française. Marianne tient dans sa main un rameau d'olivier (symbole de paix) et sa main gauche repose sur une tablette portant l'inscription « Droits de l'Homme ». Elle est entourée de trois autres statues symbolisant la devise de la France : Liberté, Égalité, Fraternité.

Der Place de la République ist für die Pariser ein weiterer wichtiger Platz. Geplant wurde er von Baron Haussmann, der auch für die komplette Neugestaltung der Stadt Ende des 19. Jahrhunderts verantwortlich war. In der Mitte steht ein über 20 m hohes Denkmal der Marianne, der Symbolfigur der französischen Republik. Sie hält einen Olivenzweig (als Zeichen des Friedens) und eine Steintafel, in die die Menschenrechte gemeißelt sind. Drei weitere Statuen umgeben sie: die Losungen der Französischen Republik: Freiheit, Gleichheit und Brüderlichkeit.

LA BASILIQUE DU SACRÉ-CŒUR

Les toits de Paris méritent le détour lors de la visite des innombrables musées et monuments de la cité. Cette photographie montre la ville depuis les toits, avec la butte Montmartre et sa basilique pittoresque érigée au sommet. Construite entre 1875 et 1914, la basilique du Sacré-Cœur ne s'offre pas si facilement au visiteur. Pour l'atteindre, il faut gravir les marches d'un escalier plutôt raide (à moins de prendre le funiculaire), mais le monument mérite bien cet effort ! Relie les points pour découvrir la basilique.

Beim Besichtigen all der Museen und Gebäude merkt man, dass auch die Dächer von Paris sehr schön aussehen. Hier siehst du nicht nur viele Dächer, sondern auch den Montmartre-Hügel mit einer sehr fotogenen Kirche auf dem Gipfel. Die Sacré-Cœur-Basilika, erbaut zwischen 1875 und 1914, ist gar nicht so leicht zu erreichen: Zuerst musst du viele steile Treppen erklimmen (es sei denn, du fährst mit der Standseilbahn). Aber es lohnt sich! Wenn du die Punkte verbindest, siehst du die Kirche.

LA DÉFENSE

Après la visite de tant de lieux chargés d'histoire, tu seras surpris de découvrir le quartier de la Défense, à l'ouest de la ville. C'est un quartier d'affaires moderne, hérissé de hautes tours et de bâtiments high-tech aux formes futuristes. Les immeubles de bureaux abritent le siège de nombreuses sociétés. Dans cette forêt de béton et de verre, tu remarqueras une structure intéressante, celle de la Grande Arche, achevée en 1989, une sorte de version XXe siècle de l'arc de triomphe de l'Étoile que nous avons découvert un peu plus tôt. Relie les points pour mettre en évidence leurs différences.

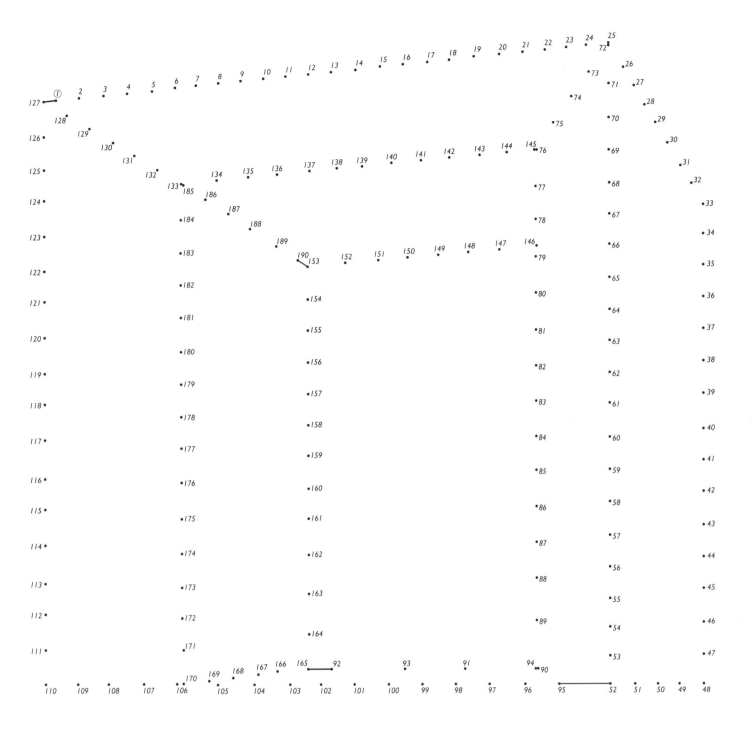

Nachdem du so viele ehrwürdige Orte besucht hast, wirst du vom Stadtteil La Défense im Westen von Paris überrascht sein. Er ist ein modernes Geschäftsviertel mit Wolkenkratzern und verschiedenen High-tech-Gebäuden – Hauptquartiere und Büros von diversen Firmen. Zwischen ihnen steht eine sehr interessante Konstruktion: der 1989 fertiggestellte Grande Arche, eine moderne Version des Arc de Triomphe, den wir schon besucht haben. Verbinde die Punkte, um die Unterschiede zu erkennen!

53

LE MÉTRO PARISIEN

C'est en 1900 que fut inaugurée la première ligne du métro parisien. De nos jours, le réseau compte 16 lignes (chacune identifiée par une couleur) pour un total de 200 kilomètres de voies. Ce réseau à la fois aérien et souterrain transporte chaque année plus d'un milliard et demi de passagers. Si tu prends le métro, n'oublie pas de vérifier la couleur du numéro de la ligne et la direction, indiquée par le nom de la dernière station.

Die erste Bahnlinie der Pariser Métro eröffnete schon 1900. Heute gibt es 16 Linien (jede durch eine andere Farbe gekennzeichnet), die insgesamt 200 km lang sind. Dieses Schienennetz, das mal über, mal unter der Erde verläuft, transportiert jährlich über 1.5 Milliarden Menschen. Vergiss beim Métrofahren nicht, auf die richtige Farbe deiner Linie und die richtige Endstation zu achten!

Ce réseau dense compte plus de 300 stations, dont beaucoup sont magnifiquement décorées. Relie les points pour découvrir un des modèles d'entrée du Métropolitain, conçus par Hector Guimard au début du XXᵉ siècle.

Im Métro-System gibt es über 300 Stationen, von denen viele künstlerisch gestaltet sind. Verbinde die Punkte, und du siehst einen typischen Métro-Eingang, wie ihn Hector Guimard zu Beginn des 20. Jahrhunderts entwarf.

LES CAFÉS

Les cafés parisiens sont entrés dans la légende. Souvent bondés et bruyants, ils sont fréquentés au petit matin par les amateurs de café noir, pressés de lire leur journal, mais aussi en journée et aux heures de pointe, alors que les touristes affluent dans les brasseries pour goûter aux spécialités françaises. À chaque café, son décor et son atmosphère ! Beaucoup possèdent une terrasse où s'installer pour plonger dans l'animation des rues parisiennes. Assieds-toi et prends le temps de dessiner un de ces cafés.

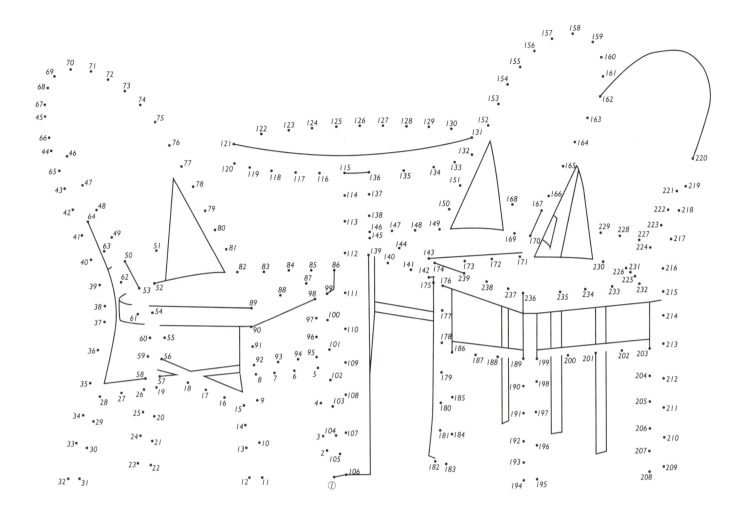

Pariser Cafés sind legendär. Meistens sind sie voller Menschen, die sich unterhalten, lachen, Zeitung lesen, französische Spezialitäten essen und Kaffee trinken, besonders morgens. Alle haben ein fantasievolles Dekor und eine nette Atmosphäre. Die meisten stellen Tische nach draußen, sodass du etwas trinken und dabei auf die Straßen von Paris schauen kannst. Zeichne ein paar Tische und nimm Platz!

CROISSANT, BAGUETTE...

Un café-croissant (ou bien un pain au chocolat, avec sa délicieuse barre de chocolat) est le petit-déjeuner parisien idéal. Le soir, il ne faut pas oublier d'acheter une baguette — un pain long et étroit cuit selon une vieille recette française. Accompagnée de fromage, la baguette encore chaude a un goût divin. Joins les points pour voir un étal de fromager.

Kaffee und Croissants (oder "pain au chocolat" mit leckerer Schokofüllung) sind ein einfaches und schnelles Frühstück. Abends sollte man unbedingt ein Baguette essen. Ein Baguette ist ein langes, dünnes, nach altem französischem Rezept gebackenes Brot. Frisches Baguette schmeckt einfach himmlisch mit Käse. Verbinde die Punkte, um einen typischen Marktstand mit Käse zu sehen.

... FROMAGE

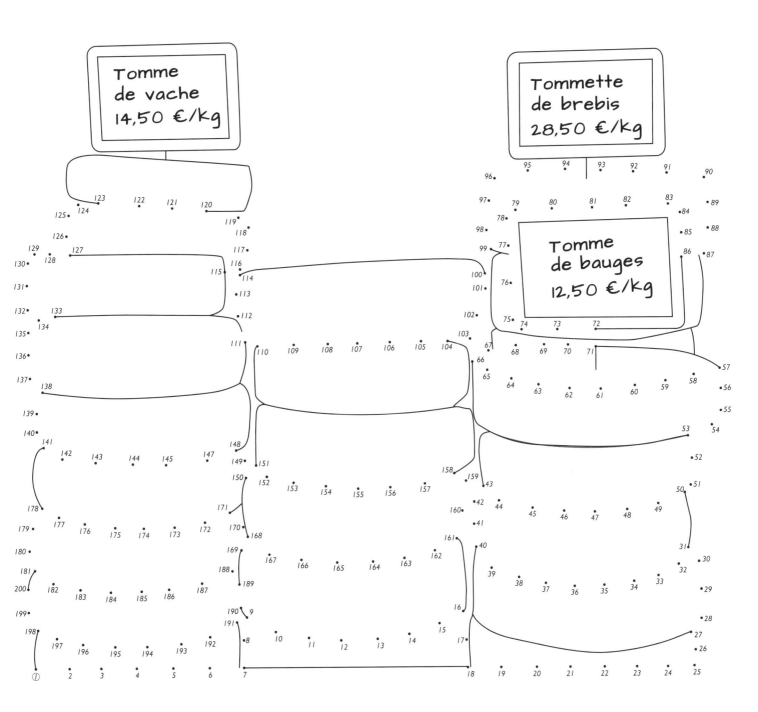

VIVRE À / WOHNEN IN PARIS

Les rues de Paris sont bordées d'élégants immeubles haussmanniens aux façades en pierre de taille beige. Des façades ouvragées aux entrées décoratives, percées d'étroites fenêtres encadrées de persiennes et aux combles aménagés, ornent les avenues chics et les grands boulevards de la capitale. Relie ces points pour découvrir à quoi ressemble un immeuble haussmannien typique.

Die Straßen von Paris sehen auch deshalb so schön aus, weil die eleganten Häuserblocks aus beigefarbenem Stein so einheitlich wirken. Dekorative Eingänge, schlanke Fenster, hübsche Fensterläden und romantische Dachkammern sorgen dafür, dass die Boulevards großzügig und schick wirken. Verbinde die Punkte, dann siehst du ein typisches Haus.

60

PARIS

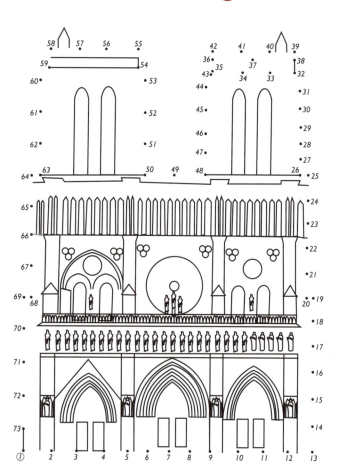

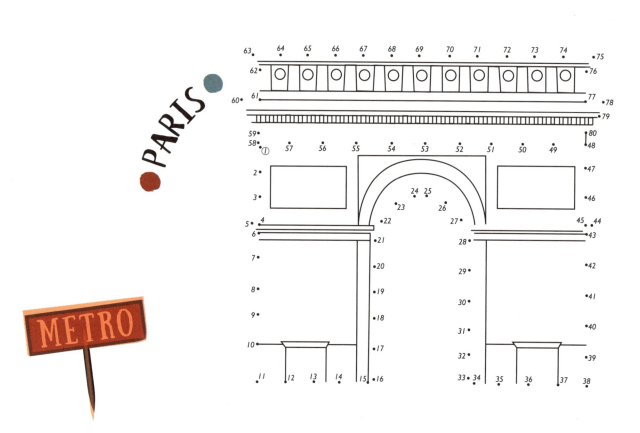

PARIS

QUIZ: QU'EST-CE QUE C'EST? / WAS IST DAS?

HÔTEL DE _____

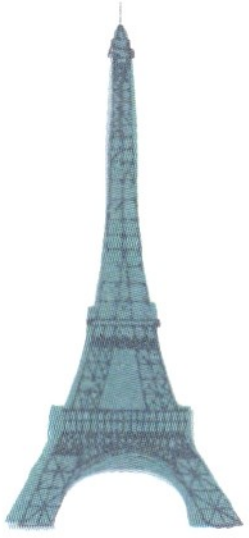

TOUR _____

_____

ARC DE _____

_____ DU SACRÉ-CŒUR

PLACE DE LA _____

_____ D'ORSAY

_____-_____ DE PARIS

PALAIS DU _____

TOUR _____

CRÉDITS / IMPRESSUM

pages/S. 6 © WDG Photo; 8, 28 © Dmitry Brizhatyuk/Shutterstock.com; 10,16,26 © Kiev.Victor/Shutterstock.com; 12 © FCG; 15 © deb22/Shutterstock.com; 18 © pio3/Shutterstock.com; 21 © bjul/Shutterstock.com; 22 © muratart/Shutterstock.com; 24,40 © Marina99/Shutterstock.com; 32 © f1lphoto; 34-35 © HUANG Zheng; 36 © Production Perig; 38 © Viacheslav Lopatin; 42 © Honza Hruby; 44 © Alfonso de Tomas; 46 © Veniamin Kraskov/Shutterstock.com; 49, 58 left © ilolab/Shutterstock.com; 50 © Stefan Ataman; 52 © Nightman1965; 54 © mkmakingphotos; 56 © kavalenkau/Shutterstock.com; 58 right © wideonet; 60 © Sira Anamwong.

All Rights Reserved. No part of this publication may be reproduced or transmitted in any form or by any means, electronic or mechanical, including photocopy, recording or any other information storage and retrieval system, without prior permission in writing from the copyright owners.

© Fancy Books Packaging

Concept, Layout & Texts: Agata Mazur / Fancy Books Packaging
Cover Design & Drawings: Natalia Pakuła / Ladne Litery
Copyediting of the English text: Lee Ripley

© for this edition: h.f.ullmann publishing GmbH

Translation into French: Chantal Mitjaville for InTexte, Toulouse
Translation into German: Katrin Höller for writehouse, Cologne

Project management for h.f.ullmann publishing: Franziska Funcke
Overall responsibility for production:
h.f.ullmann publishing GmbH, Potsdam, Germany

Printed in Poland, 2016

ISBN 978-3-8480-1011-0

10 9 8 7 6 5 4 3 2 1
X IX VIII VII VI V IV III II I

www.ullmannmedien.com
info@ullmannmedien.com
facebook.com/ullmannmedien
twitter.com/ullmann_int